Bakfeest

Kitty de Wolf

Dit boek is gepubliceerd door

De Fontein | Tirion BV

Postbus 13288

3507 LG Utrecht

www.defonteintirion.nl

Tekst: Kitty de Wolf

Redactie: Annette Kuypers

Vormgeving binnenwerk en omslag: Martine Bouwman, ID for you

Fotografie binnenwerk en omslag: Joost de Wolf, www.jdwfotografie.nl

ISBN 978 90 213 3869 9

NUR 440

Vierde druk, februari 2011

© 2010/2011 De Fontein | Tirion BV, Utrecht

Inhoudsopgave

4 Inleiding

5 Basisrecept cupcakes/muffins

6 Basisrecept botercrème

6 Algemeen

7 Rolfondant

8 Marsepein

8 Kleurstof

9 Glazuur

9 Icing

10 Feest

11 Ballonnen

12 Beschuit met muisjes

13 Geboren!

14 Fladderende vlinders

16 Vrolijk Pasen

18 Madelief

20 Hollands glorie

22 Gek op bloemen

24 Cupcake vol bloemen

26 Zomerkoninkje

28 Blub!

30 Zoemmm!

32 Er was eens...

34 Feestvarken

36 Lieveheersbeestje

37 Flower Power

38 Hoera!

40 Hoera 3 jaar!

42 In love

43 Happy!

44 Just Married

46 Voetbal

48 Piet Piraat

50 30 jaar!

52 High Tea

54 Sweet 16

56 Smiley's

58 Ik trakteer

60 Op een grote paddenstoel

62 Griezelspin

64 Halloween

66 Boooh!

68 Zie ginds komt de stoomboot

70 Pietenparade

72 Rudolf the red nose reindeer

74 Merry Christmas

76 White Christmas

78 Let it snow

Waarom dit boek?

Tijdens mijn werk hoor ik vaak dat iemand iets te vieren heeft, maar eigenlijk niet zo goed weet wat ze nou moeten maken om te trakteren. Ja, iets met cupcakes, maar dan...? In dit boek staan eenvoudige en duidelijke voorbeelden voor verschillende gelegenheden, bedoeld voor de beginnende (ervaren mag ook!) cupcake versierder die net dat kleine stukje inspiratie nodig heeft. Het is een handig naslagwerk om op ideeën te komen en aan de slag te gaan. Ik hoop dat dit boek iedereen blij maakt en uitnodigt om te beginnen aan deze, noem het maar, hobby! Want heb je de smaak te pakken dan volgen de taarten vanzelf!

Muffins of cupcakes?

Wat is nou het verschil tussen een muffin en een cupcake? In Amerika is het grootste verschil tussen muffins en cupcakes dat muffins zo worden gegeten en dat een cupcake een versierde muffin is. Vaak met veel kleur en toeters en bellen. Je kunt er al je creativiteit in kwijt. Vaak wordt hetzelfde recept gebruikt. Een kant-en-klare mix heet dan ook 'Muffinmix'. Je moet er eerst muffins van bakken en ze daarna omtoveren tot cupcakes. Ik zou zeggen: hoe het ook mag heten, versierd of onversierd, geniet!

Vanille muffins (voor 20-24 stuks)

250 gram roomboter
250 gram witte basterdsuiker
250 gram zelfrijzend bakmeel
4 eieren
1 zakje vanillesuiker
4-6 eetlepels melk

Chocolade muffins (voor 20-24 stuks)

250 gram roomboter
250 gram bruine basterdsuiker
250 gram zelfrijzend bakmeel
4 eieren
3-4 eetlepels cacao
4-6 eetlepels melk
Naar wens een handjevol kleine stukjes chocolade toevoegen. Er is speciale bakvaste chocolade om door het beslag heen te doen.

Basisrecept cupcakes/muffins

Werkwijze beide recepten

Doe de zachte roomboter, basterdsuiker en vanillesuiker (of cacao) in een kom en meng het met de mixer op stand 1 tot een smeuïg geheel. Voeg één voor één de eieren toe, en daarna beetje bij beetje het meel en de melk. Als het geheel goed vermengd is, stoppen met mixen. Als je te lang en op een te hoge stand mixt worden de muffins droger. Schep bij het beslag voor de chocolade-muffins als laatste de stukjes chocolade erdoorheen.

Verder kun je natuurlijk honderduit variëren met het toevoegen van allerlei ingrediënten.

Baktijd 15-20 minuten op 200 graden.

Je kunt natuurlijk ook kant-en-klare muffinmix kopen. In de supermarkt of in een gespecialiseerde bakwinkel (meestal het lekkerst!). Deze mixen zijn gemakkelijk klaar te maken, de smaak is gegarandeerd goed en het beslag rijst mooi omhoog.

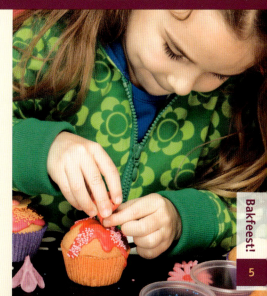

Basisrecept botercrème

Benodigdheden

150 gram zachte roomboter
250 gram poedersuiker of suiker-
bakkerspoeder
2 theelepels heet water
1 theelepel vanille-essence

Werkwijze

Meng de suiker, het water en de vanille
met de mixer tot één geheel. Voeg er
beetje bij beetje de zachte boter bij.
Mix het geheel op een hoge stand tot
een mooie gladde massa. Je kunt aan
de botercrème verschillende smaken
toevoegen. O.a. cacao, rum, amandel-
essence, citroen, oploskoffie (eerst in
het water oplossen), kaneelpoeder,
aardbeienjam, mokka, hazelnootpasta,
verschillende likeurtjes en ga zo maar
door. Ook kun je de botercrème een
ander kleurtje geven door er een beetje
kleurstof doorheen te mengen.

Er zijn ook kant-en-klare mixen te koop.

Algemeen

Materialen die gebruikt worden in dit
boek om cupcakes te versieren zijn
eetbaar (uitgezonderd vlaggetjes en
kaarsjes natuurlijk). Dat wil zeggen dat
de kleurstof die gebruikt wordt speciale
kleurstof voor levensmiddelen is en als
ik het over pareltjes heb, dan zijn dat
natuurlijk eetbare pareltjes!

Rolfondant

Rolfondant is gemaakt van suiker-bakkerspoeder, glucose en glycerine. Het is spierwit en erg zoet. Het is in vele kleuren verkrijgbaar of het is te kleuren met levensmiddelenkleurstof.

Het is eigenlijk een soort hele zoete eetbare klei. Je kunt het uitrollen en er figuren uit steken. Maar je kunt er ook de mooiste creaties mee boetseren. Rolfondant plakt vrij snel aan je handen of aan je werkblad. Gebruik poedersuiker om dit tegen te gaan en was tussendoor je handen met koud water (wel goed afdrogen natuurlijk, want water zorgt voor nog meer plak).

Ook kun je Crisco gebruiken om plakken tegen te gaan. Dit is een plantaardig vet waarmee het werkblad/de roller licht ingesmeerd kan worden. Het is ook handig om de uitsteekvormen met Crisco in te smeren. Overigens werk ik zelf liever met wat poedersuiker, omdat dat het rolfondant aan de buitenkant net iets stugger maakt tijdens het verwerken. Bedek je cupcakes met een laagje rolfondant, denk dan even goed na wat je gaat gebruiken als onderlaagje (plaklaag). Bij rolfondant moet je boter-crème gebruiken (chocoladepasta, jam of pindakaas kan ook). In ieder geval geen slagroom omdat deze veel vocht bevat. De hoeveelheid vocht laat het rolfondant smelten met als gevolg dat je laagje rolfondant de volgende dag van de cupcake is afgegleden.

Wil je een bloem van rolfondant op een onderlaag van rolfondant plakken, dan kun je het best een heel klein beetje water gebruiken (geen grote druppels), er zal dan niets gebeuren. Maar eetbare lijm is natuurlijk beter.

Je kunt dit ook zelf maken door een beetje tylose (jem petal powder) met water te mengen. Wel even een uurtje laten inwerken voor je het gaat gebruiken. Is het rolfondant heel erg vers en plakkerig, dan kun je er beter een beetje tylose doorheen mengen. Je gebruikt 2 theelepels op 500 gram. Laat het 2 uur rusten in een plastic zak en het verwerken gaat stukken makkelijker! Ook aan te raden als je decoraties maakt die echt hard moeten worden zoals strikken of letters die je rechtop wilt plaatsen.

Marsepein

Marsepein is een mengsel van amandelen en suiker. Er zijn verschillende kwaliteiten marsepein te koop. Goedkopere marsepein (veel in de supermarkt te koop rond de sinterklaastijd) bestaat meer uit suiker dan uit amandelen. Dit proef je ook.

De betere kwaliteit marsepein (vaak dus ook wat duurder) bestaat uit meer amandelen en is dus ook veel lekkerder van smaak. Marsepein is van zichzelf crèmekleurig en kun je zelf alle kleuren geven die je maar wilt. Als je marsepein gaat kleuren, zul je merken dat het veel sneller en feller kleurt dan rolfondant. Als je zwart wilt maken, kun je ook beter marsepein nemen dan rolfondant. Omdat rolfondant wit is, zal het grijs worden.

Je kunt ook gekleurde marsepein kopen. Ook bij het werken met marsepein geldt dat je poedersuiker gebruikt tegen het plakken. Het handige van marsepein is dat je restjes poedersuiker die bovenop het marsepein komen met een beetje water kunt wegpoetsen.

Crisco is helemaal ideaal! Het geeft geen witte vlekken, je hebt er maar een klein beetje van nodig en je kunt er ook je roller iets mee insmeren.

Bij het bekleden van een cupcake of taart met marsepein, kun je als onderlaag (plaklaag) ook gewoon slagroom nemen, want marsepein smelt niet door de hoeveelheid amandelen die erin zit.

Kleurstof

Voedingskleurstof is een sterk geconcentreerde vloeistof of pasta. Je kunt deze gebruiken om marsepein, rolfondant, icing of glazuur te kleuren. De pasta werkt het fijnst, omdat je dan niet te maken hebt met een hoeveelheid vocht die je toevoegt aan het product dat je wilt kleuren. Anders moet je daar rekening mee houden. Bij rolfondant kan dit namelijk al snel leiden tot een wat meer plakkerige massa.

Glazuur

Glazuur is een dikke suikerpasta die na verwarmen (au bain-marie of in de magnetron) vloeibaar wordt. Laat het niet te heet worden, het gaat dan kristalliseren. Je kunt glazuur kleuren met voedingskleurstof. Na het aanbrengen koelt het glazuur aardig snel af en wordt dus ook weer hard. Wil je nog allerlei versiersels op je cupcake plakken, houdt daar dan rekening mee. Je zult dan een beetje icing (bijv. uit een tube) als eetbare lijm moeten gebruiken. Het is wel een handige en snelle manier om een mooie gladde, gekleurde laag op je cupcake aan te brengen. Gewoon even in het glazuur dippen/draaien, omhoog halen, afschudden en omdraaien. En niets meer aan doen!

Icing

Icing is een wit poeder dat je kunt aanmaken met water en kleuren met kleurstof. Je kunt icing voor verschillende doeleinden gebruiken. Afhankelijk van hoe dik/dun je het aanmaakt.

Maak je icing dun (redelijk vloeibaar) aan, dan kun je het in een spuitzakje doen en er koekjes mee glazuren.

Maak je het iets dikker aan, dan kun je het gebruiken om je cupcake mee in te smeren.

Laat je de icing nog steviger, dan kun je er mooie randen of bloemetjes mee spuiten. Icing droogt niet direct, je kunt er dus nog van alles op vastdrukken, bijvoorbeeld bloemetjes, of je kunt er gekleurde spikkeltjes op strooien. Zeker handig als je het gebruikt als laagje op je cupcake en je wilt ze laten versieren door de kinderen.

tip!

Maak een stevige icing aan, neem een gekarteld spuitmondje en spuit kleine bloemetjes op een velletje bakpapier. Twee dagen laten drogen en je hebt harde suikerbloemetjes om mee te versieren.

Feest

BOODSCHAPPEN

- Muffinmix
- Baking cups
- Icingpoeder
- Kleurstof in dezelfde kleuren als de Smarties
- Mini Smarties in vrolijke kleuren
- Gekleurde kaarsjes

Maak icingpoeder aan met water tot een smeuïge massa. Breng het op kleur met kleurstof.

Breng de icing met een spateltje of mesje aan op de cupcake.

Strooi er Smarties op. Prik het kaarsje (met houder) in het midden.

Ballonnen

Rol het rolfondant uit tot een dunne plak. Steek de cirkels uit en leg ze op bakpapier. Snijd met een schilmesje de tuitjes van de ballonnen en leg ze tegen de cirkel aan (evt. met een heel klein beetje water of eetbare lijm).

Breng op de scheidingslijn van de cirkel en het tuitje een zwart lijntje icing aan. Je kunt de ballonnen best een week van tevoren maken. Ze worden dan hard.

Als je de cupcakes gaat afwerken, prik je een gaatje aan de rand van de cupcake en plaatst daar een stukje dropveter in van ongeveer 8 cm. Je kunt deze eventueel nog vastzetten met een beetje icing.

Smeer wat botercrème op de cupcake en plak de ballon erop. Het feest kan beginnen.

BOODSCHAPPEN

- Muffinmix
- Baking cups
- Botercrème
- Rolfondant in verschillende kleuren
- Dropveters
- Zwarte icing in een tube
- Uitsteekvorm rond Ø 6 cm
- Bakpapier
- Schilmesje

Beschuit met muisjes

Verwarm het glazuur en geef het een kleurtje. Dip de cupcakes in het glazuur.

Rol het lichtbruine marsepein uit tot een plak van ongeveer 0,5 cm dik en steek er de beschuitjes uit.

Strooi wat muisjes op een schoteltje en druk de marsepeinen beschuitjes in de muisjes, zodat ze aan het marsepein hechten.

Plak de beschuitjes met een beetje icing (kant-en-klaar uit een tube of zelf aangemaakt) bovenop de cupcake. Zet witte stipjes op het glazuur.

Leuk om te trakteren op een kraamfeest!

tip!

Mix een beetje gemalen anijs door het beslag!

BOODSCHAPPEN

- Muffinmix
- Glazuur
- Kleurstof roze
- Icing wit
- Lichtbruine marsepein
- Muisjes blauw/wit of roze/wit
- Baking cups roze of blauw
- Ronde uitsteekvorm van ongeveer 3 cm doorsnee

BOODSCHAPPEN

- Muffinmix
- Glazuur
- Icing
- Traditionele bakerkindjes blauw/wit of roze/wit (te koop bij een bak-winkel, gespecialiseerde snoepwinkel of betere banketbakker)
- Baking cups roze, blauw of wit

Geboren!

Verwarm het glazuur. Dip de cupcakes in het glazuur. Strooi wat muisjes op een schoteltje en rol de cupcake met het nog natte glazuur gelijk door de muisjes (glazuur koelt snel af en wordt dus snel hard).

Plak de bakerkindjes met een beetje icing (kant-en-klaar uit een tube of zelf aangemaakt) bovenop de cupcake.

Simpel en snel klaar!

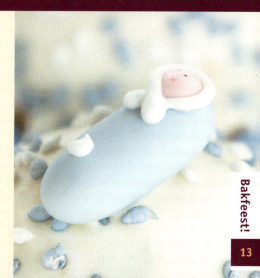

Fladderende vlinders

Kleur het gele rolfondant lime groen door er wat groene kleurstof doorheen te kneden.

Rol het uit tot een dunne plak. Steek er de vlinders uit. Vouw van 4 lagen dik aluminiumfolie een reep en zet deze in een hoek neer.

Plaats de vlinders erop en laat ze een dag drogen (zie foto). Het rolfondant is nu hard geworden en de vleugels blijven mooi omhoog staan.

Verwarm het glazuur en kleur het blauw met kleurstof.

Breng met behulp van een lepel glazuur aan op de cupcake en rol deze gelijk door het musket (je kunt het musket het beste op een schoteltje doen).

Zet de vlinders bovenop de cupcake. Als het glazuur nog zacht genoeg is, kan dat op deze manier, anders moet je een beetje glazuur gebruiken om de vlinders vast te zetten.

BOODSCHAPPEN

- Muffinmix
- Baking cups
- Rolfondant geel
- Kleurstof groen en blauw
- Musket groen en blauw
- Glazuur
- Uitsteekvorm vlinder
- Aluminiumfolie

tip!

Maak voordat je de cupcakes gaat versieren een holletje in het midden en doe er een beetje advocaat- vulling in. Dit kan zijn; advocaat bavarois, pure advocaat of banket- bakkersroom (gele room) vermengd met wat advocaat. Deze combinatie is het lekkerst als je chocolade muffins bakt.

Vrolijk Pasen

Smeer de cupcakes in met een laagje bruine chocoladepasta.

Kneed het bruine marsepein en stop een stukje in de knoflookpers. Druk er lange slierten uit en leg deze in een ronde vorm op de chocoladepasta.

Rol de eitjes van marsepein in je handpalm en leg ze in het midden van het nestje.

BOODSCHAPPEN

- Muffinmix
- Baking cups
- Marsepein bruin, geel, lila en groen
- Chocoladepasta
- Knoflookpers

Bakfeest!

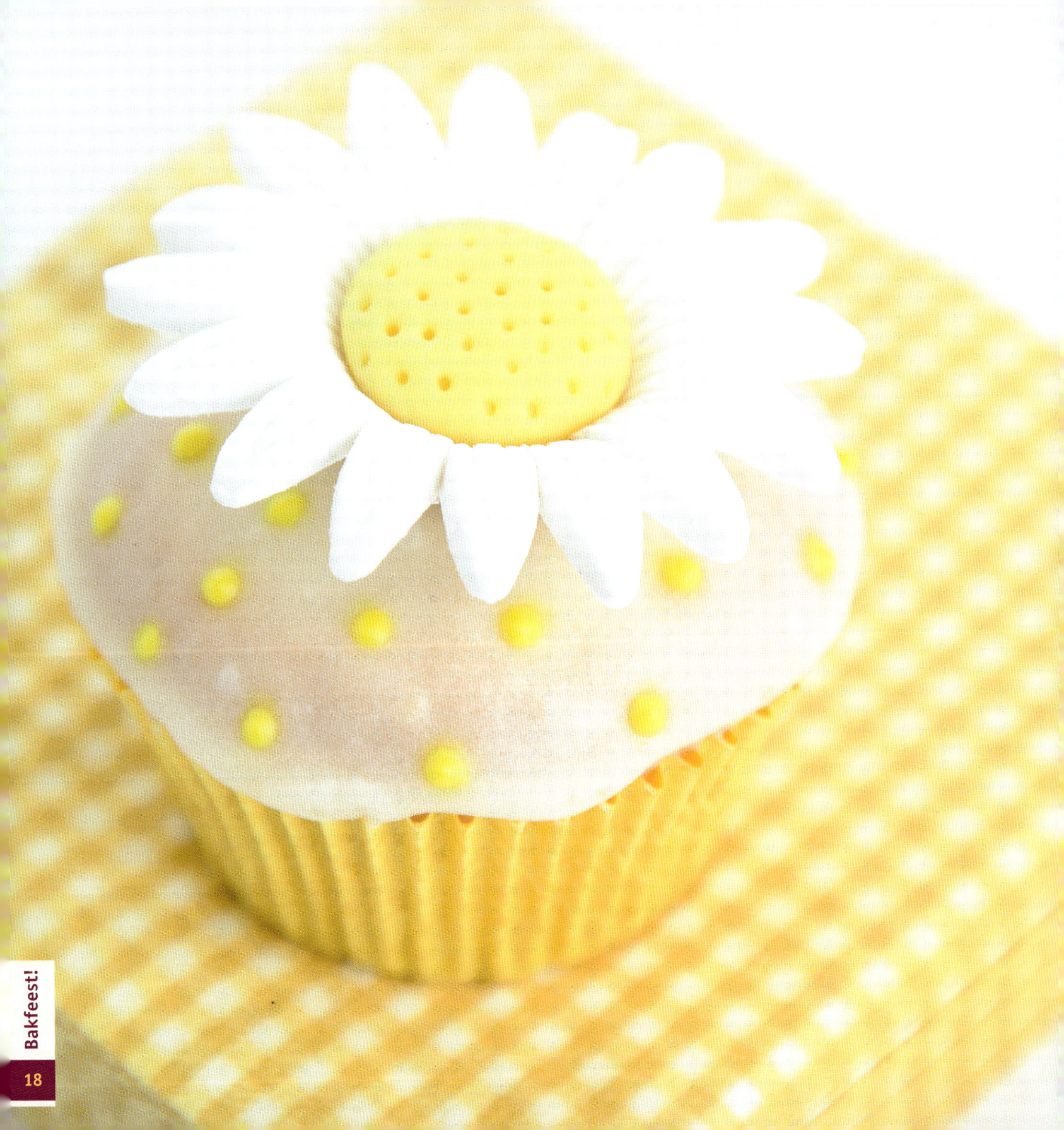

Madelief

Je kunt de blaadjes van de bloem zo in de juiste vorm zetten en hard laten worden. De droogtijd is ongeveer een dag.

Plaats in het midden een geel bolletje rolfondant en prik er wat gaatjes in.

Dip de cupcakes in het glazuur. Laat het aanharden. Zet met gele icing de stippen.

Rol het witte rolfondant uit en steek er de bloemen uit. Plaats de bloemen in een houder (of bijv. op een eierdopje).

Plak de hardgeworden bloemen erbovenop met een beetje icing of glazuur.

tip!

Vul de Baking cups met een laagje beslag en schep er een lepel banketbakkersroom (ook wel gele room of D'roommix genoemd) op en daarna weer een lepel beslag. De banketbakkersroom kun je meebakken. Smullen maar!

BOODSCHAPPEN

- Muffinmix
- Baking cups geel
- Glazuur
- Rolfondant wit en geel
- Uitsteekvorm bloem

  (met reliëf)
- Tube icing geel
- Cocktailprikker

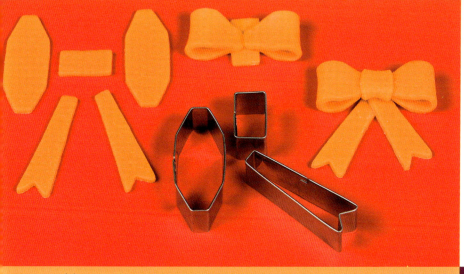

BOODSCHAPPEN

- Muffinmix
- Baking cups oranje
- Marsepein rood, wit, blauw en oranje
- Uitsteekvorm rond Ø 6 cm
- Uitsteekvorm strik
- Botercrème

Hollands glorie

Rol de verschillende kleuren marsepein uit. Snijd van rood, wit en blauw smalle repen en leg deze tegen elkaar aan.

Ze kleven meestal vanzelf aan elkaar vast (anders kan een beetje water helpen).

Steek er cirkels uit zodat het rood, wit en blauw mooi verdeeld is. Plak de cirkels op de cupcakes met een beetje botercrème.

Rol het oranje marsepein uit en druk er de vormen voor de strik uit. Vouw de twee lussen dubbel en leg ze op het middenstukje. Vouw dit eromheen.

Kleef de twee uiteinden van de strik op de cupcake. Leg het gedeelte met de lussen erbovenop. Gebruik een beetje water om het op elkaar vast te plakken.

Gek op bloemen

BOODSCHAPPEN

- Muffinmix
- Baking cups
- Verschillende kleuren marsepein
  o.a. bruin en groen
- Lolly's
- Smeltchocolade
- Gekleurde musket
- Uitsteekvorm rond Ø 6 cm
- Uitsteekvorm blad
- Uitsteekvorm bloem in 2 maten
- Botercrème
- Stuk oase

Rol het bruine marsepein uit tot een dunne plak en steek er de cirkels uit. Plak ze op de cupcakes met een beetje botercrème.

Smelt de chocolade au bain-marie en dip de lolly's erin. Strooi er wat musket op. Zet de lolly's in het stuk oase om aan te harden.

Rol twee kleuren marsepein dun uit en steek er de 2 maten bloemen uit. Leg ze op elkaar en maak een gaatje in het midden waar het lollystokje doorheen past.

Als de lolly's droog zijn, kun je ze op de kop leggen en de marsepeinen bloemen over het stokje schuiven.

Gebruik nog een beetje gesmolten chocolade om het geheel aan elkaar te plakken. Laten drogen.

Je kunt de bloemen het beste een dag van tevoren maken. Steek de bloemen in de cupcakes en plaats twee groene blaadjes aan het steeltje.

BOODSCHAPPEN

- Muffinmix
- Baking cups in bijpassende kleuren
- Glazuur
- Verschillende kleuren rolfondant (of zelf mengen met kleurstof)
- Icing
- Zilveren pareltjes
- Uitsteekvormen diverse kleine bloemetjes (bijv. van PME)

Cupcake vol bloemen

Verwarm het glazuur en geef het een kleurtje. Dip de cupcakes in het glazuur.

Steek uit rolfondant verschillende bloemetjes en plak deze op elkaar met een klein druppeltje eetbare lijm of icing.

Breng in het midden van de bloemen een druppel gekleurde icing aan. Druk bij sommige een zilveren parel in de druppel icing.

BOODSCHAPPEN

- Muffinmix

- Baking cups

- Marsepein rood en groen

- Uitsteekvorm calyx (groen blaadje dat ook voor roosjes wordt gebruikt)

- Reliëfmatje stipjes (of zelf prikken)

- Aardbeienjam

Rol het rode marsepein uit tot een plak.

Leg het reliëfmatje erop en wrijf er met je hand overheen, rol er met de deegroller overheen of prik zelf de gaatjes erin met bijvoorbeeld de botte kant van een satéprikker.

Steek er het aantal cirkels uit dat je nodig hebt. Smeer een beetje aardbeien-jam (of botercrème) op de cupcakes en plak de cirkel erop.

Rol groene marsepein uit en steek er de groene kroontjes uit. Plak ze op de cupcake.

Druk er in het midden een klein kuiltje in zodat het steeltje er beter op blijft staan. Rol de groene steeltjes en zet die erbovenop.

tip!

Schep een klein beetje beslag in de baking cups en daarna een lepel aardbeien vlaaivulling uit pot/blik. Schep erbovenop weer een lepel beslag. Gewoon meebakken! Maar je kunt natuurlijk ook een verse aardbei in het beslag verstoppen.

Rol het marsepein uit tot een dunne plak. Steek er de cirkels uit van 6 cm. Plak deze op de cupcake vast met een beetje botercrème (of abrikozenjam).

Steek met de cirkel van 4 cm de delen van de staart uit. Kleef ze vast met een klein beetje water.

Steek voor de mond een klein rondje uit rode marsepein, druk de ene kant iets naar binnen.

Steek de rondjes uit voor de ogen. Omdat de pupil zo klein is, is het vaak lastig om deze uit te steken. Je kunt ook een klein balletje draaien en deze op het witte oog drukken.

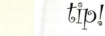

tip!

Maak een kuiltje in het midden van de cupcake en schep er een lepel abrikozenjam in. Je kunt hiermee trouwens ook de marsepeinen bovenlaag vastzetten. Je hebt dan geen botercrème nodig.

BOODSCHAPPEN

- Muffinmix
- Baking cups
- Marsepein oranje en rood
- Rolfondant wit en zwart
- Uitsteekvorm rond Ø 6 cm
- Uitsteekvorm rond Ø 4 cm
- Uitsteekvorm rond ongeveer Ø 1,5 cm (of een klein spuit-mondje gebruiken)

BOODSCHAPPEN

- Muffinmix
- Baking cups
- Marsepein zwart, geel en wit
- Eetpapier (ouwel)
- Botercrème
- Witte icing
- Uitsteekvorm rond Ø 6 cm
- Uitsteekvorm rond Ø 1,5 cm (of een klein spuitmondje gebruiken)

Zoemmm!

Rol het zwarte en gele marsepein uit tot een dunne plak.

Snijd er smalle repen van en leg deze tegen elkaar (als ze niet vast genoeg tegen elkaar kleven, gebruik je wat water).

Druk er de cirkels uit. Plak ze met een beetje botercrème vast op de cupcakes.

Druk de ogen uit het witte en zwarte marsepein. Maak er halve ogen van door er met de uitsteekvorm van de grote cirkel van 6 cm een stuk af te halen.

Knip vleugels van eetpapier; dat geeft een mooi transparant effect. Plak de vleugels met een beetje witte icing vast op het lijfje.

BOODSCHAPPEN

- Muffinmix
- Baking cups
- Marsepein groen
- Tube icing zwart met dun spuitmondje
- Marsepein of rolfondant wit
- Icingpoeder
- Kleurstof geel
- Uitsteekvorm rond Ø 6 cm
- Spuitzakje met ronde opening
- Bakpapier

Er was eens...

Maak het icingpoeder aan tot een dikte waarmee je kunt spuiten. Doe er gele kleurstof bij.

Spuit de kroontjes op een bakpapiertje en laat ze een dag drogen.

Rol het marsepein uit tot een dunne plak. Steek er de cirkels uit en plak deze op de cupcake met een beetje botercrème.

Steek de mond uit met dezelfde cirkel door een gedeelte van een cirkel af te steken. Plak deze vast met een beetje water.

Draai 2 balletjes voor de ogen. Plaats ze tegen elkaar boven de mond.

Steek met de achterkant van het spuitmondje de ogen uit witte rolfondant of marsepein.

Trek met zwarte icing de lijn van de mond en plaats de pupillen.

tip!

Kleur je het marsepein zelf? Met veel geel en een klein beetje groen krijg je een mooie lime groene kleur!

Feestvarken

Breng het marsepein op kleur met roze kleurstof.

Rol het uit tot een dunne plak en steek er een cirkel uit van ongeveer 6 cm doorsnede en twee driehoeken voor de oren.

Plak de cirkels op de cupcake met een beetje botercrème (kan ook met witte chocoladepasta of misschien wel roze pasta).

Steek uit een uitgerold stukje wit rolfondant twee ogen en uit zwart rolfondant de pupillen. Plak ze op elkaar en plaats de ogen tegen elkaar aan op het marsepein.

Plak de oren met een klein beetje water vast en vouw ze om.

Rol een balletje voor de neus en prik er met een stomp of bol gereedschap twee neusgaten in.

tip!

Haal voordat je begint met versieren, een kuiltje uit de cupcake (dit gaat handig met een lepeltje waar je meloenbolletjes mee maakt) en spuit of schep er een beetje roze bavarois of jam (aardbeien of frambozen) in. Dek het weer af met een klein stukje cake. Smullen maar!

BOODSCHAPPEN

- Muffinmix
- Baking cups roze
- Marsepein
- Rolfondant wit en zwart
- Kleurstof roze
- Uitsteekvorm rond Ø 6 cm
- Uitsteekvorm kleine rondjes voor de ogen (je kunt ook kleine spuitmondjes gebruiken)

Lieveheersbeestje

Rol het rode marsepein uit tot een dunne plak en steek er een cirkel uit. Plak de cirkel op de cupcakes met een beetje botercrème.

Rol het zwarte marsepein of rolfondant uit en steek er de stippen en de pupillen voor de ogen uit (je kunt ook kleine balletjes draaien en deze plat drukken).

Met de ronde uitsteekvorm van 6 cm maak je het hoofd. Snijd een zwart strookje voor over de rug van het lieveheersbeestje. Plak alle delen op elkaar.

Heel makkelijk en snel klaar!

BOODSCHAPPEN

- Muffinmix
- Baking cups
- Marsepein rood
- Rolfondant of marsepein zwart en wit
- Uitsteekvorm rond Ø 6 cm
- Uitsteekvorm rond ongeveer Ø 1,5 cm (of een klein spuitmondje gebruiken)
- Botercrème

BOODSCHAPPEN

- Muffinmix

- Glazuur

- Kleurstof rood, oranje, geel, rood en blauw

- Mini baking cups (maar grote kunnen natuurlijk ook)

- Uitsteekvorm bloem (de maat aanpassen aan de maat van je cupcake)

- Icing geel in een flesje

- Rolfondant in verschillende vrolijke kleuren (evt. zelf kleuren)

Flower Power

Rol een platte plak van verschillende kleuren rolfondant en steek er de bloemen uit.

Leg ze op een bakpapiertje zodat ze kunnen drogen/hard worden. Dat duurt ongeveer een dag.

Maak bakjes met verschillende kleuren glazuur. Verwarm het glazuur en dip de cupcakes erin. Leg er gelijk een bloemetje op.

Werk de bloemetjes af met een gele druppel icing in het hart van de bloem.

tip!

Je kunt natuurlijk ook een stempel nemen van een andere afbeelding of een andere tekst.

Hoera!

Rol de verschillende kleuren marsepein uit tot een dunne plak en druk er de stempel van de cupcake en de teksten in af.

Steek met de ronde uitsteekvorm cirkels uit, zodat de stempelafdruk er mooi middenin staat. Druk ook de cirkels van 6 cm uit.

Plak deze met een beetje botercrème op de cupcake. Plak de andere delen erbovenop.

BOODSCHAPPEN

- Muffinmix
- Baking cups
- Marsepein rood, groen, geel en blauw
- Uitsteekvorm rond Ø 6 cm
- Uitsteekvorm kartelrand Ø 5 cm
- Botercrème
- Stempel cupcake (hobbywinkel)
- Tekststempel Hoera (hobbywinkel)

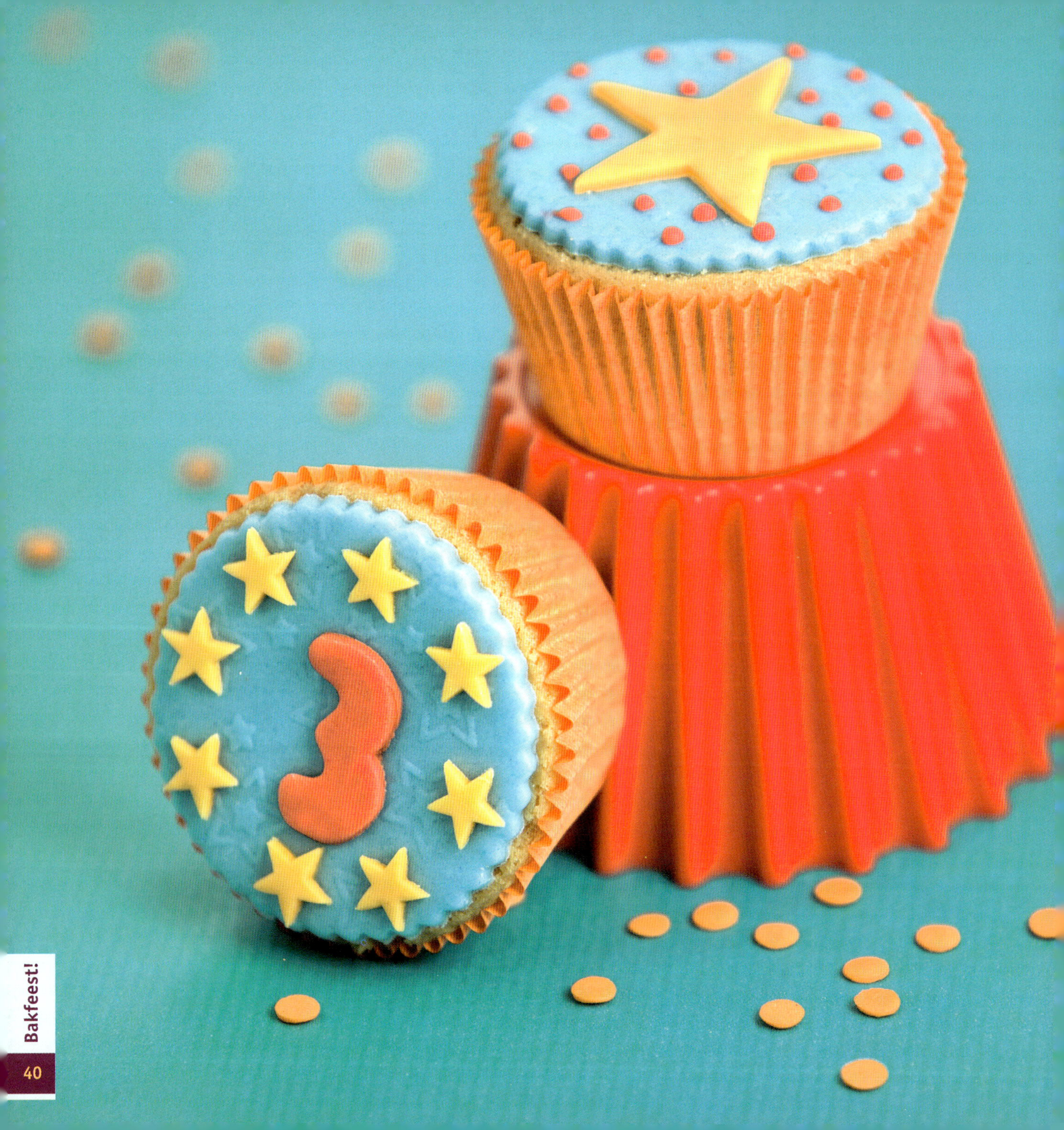

BOODSCHAPPEN

- Muffinmix
- Baking cups
- Marsepein blauw, oranje en rood
- Reliëfmatje sterren
- Uitsteekvorm rond (met kartelrandje) Ø 6 cm
- Uitsteekvorm cijfer
- Uitsteekvorm sterretje (groot en klein)
- Tube icing rood
- Botercrème
- Penseeltje

Hoera 3 jaar!

Rol de verschillende kleuren marsepein elk uit tot een dunne plak.

Leg het reliëfmatje er op en wrijf er met je hand overheen of rol er met de deegroller overheen. Steek er het aantal cirkels uit dat je nodig hebt.

Smeer een beetje botercrème op de cupcakes en leg de cirkel erop.

Steek een sterretje uit oranje marsepein en cijfers uit het rode marsepein.

Kleef ze met een penseeltje en een klein beetje water vast op de blauwe ondergrond.

Maak een rood stipje met rode icing.

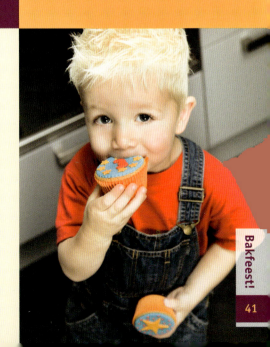

tip!

Je kunt de cirkels met de hartjes erop gerust een paar dagen van tevoren maken.

In love

BOODSCHAPPEN

- Muffinmix
- Baking cups
- Rolfondant wit, roze en rood
- Marsepein
- Botercrème
- Uitsteekvormpje hart en klein hartje
- Zilveren pareltjes
- Uitsteekvorm rond Ø 6 cm
- Bakpapier

Rol van marsepein en witte rolfondant dunne slierten. Leg deze om en om tegen elkaar aan op een stukje bakpapier (dan plakt het niet op je werkblad vast).

Steek er cirkels uit. Steek van rode en roze rolfondant grote harten uit en ook nog een klein rood hartje. Leg ze op de cirkel.

Druk een zilveren pareltje op het kleine hartje. Breng een laagje botercrème aan op de cupcake en plaats het geheel erop.

BOODSCHAPPEN

- Muffinmix
- Baking cups
- Marsepein oranje, geel, roze en rood (of zelf kleuren)
- Uitsteekvorm rond Ø 5 cm
- Uitsteekvorm rond Ø 6 cm
- Uitsteekvorm rond met kartelrand Ø 7 cm
- Reliëfroller
- Uitsteekvorm klein hartje
- Bakpapier
- Botercrème

Rol de verschillende kleuren marsepein uit tot dunne plakken. Rol indien nodig met de reliëfroller over het marsepein, zodat er een mooie afdruk in het marsepein komt te staan.

Steek er de verschillende maten cirkels uit. Steek uit de grootste cirkel weer een cirkel van een maat kleiner.

Leg de cirkels als puzzelstukjes in elkaar op het bakpapier. Gebruik verschillende kleuren.

Blijven de ringen niet genoeg aan elkaar plakken, gebruik dan een klein beetje water langs de randen.

Smeer een beetje botercrème op de cupcakes en plak de cirkels erop vast. Steek uit het rode marsepein kleine hartjes (kunnen natuurlijk ook bloemetjes zijn) en plak ze erop.

Just Married

Verwarm het glazuur in de magnetron of au bain-marie. Breng met een lepel een beetje glazuur aan en strooi er direct het glinsterende strooisel op (glazuur droogt snel!). Kneed het marsepein tot een soepel balletje van ongeveer 2 cm doorsnee.

tip!

Omdat deze cupcakes erg klein zijn, is het verrassend als je, tijdens het vullen van het beslag in de baking cups, 1 bosbes in het beslag stopt!

Verdeel dit balletje in 7 gelijke stukjes. Dit worden de 7 blaadjes van een roosje.

Draai er balletjes van. Druk de balletjes plat in een stukje gevouwen huishoud-folie. De bovenrand van de blaadjes mogen daarbij iets dunner gedrukt worden.

Rol het eerste blaadje op. Dit is het hart van de roos. De andere 6 blaadjes worden er dakpansgewijs omheen gevouwen.

Druk de onderkant van het roosje nog wat in vorm en snijd het teveel aan marsepein eraf.

Kleur wat marsepein groen met kleur-stof. Druk hier de blaadjes uit.

Plaats deze met een beetje icing of glazuur op de cupcake en plaats het roosje erbovenop.

Doe een beetje alcohol aan een penseeltje en breng wat glitter aan op de randen van de rozenblaadjes. De alcohol verdampt en de glitter zit vast.

Bakfeest!

BOODSCHAPPEN

- Muffinmix
- Baking cups zwart
- Marsepein grasgroen (of zelf kleuren)
- Knoflookpers
- Uitsteekvorm rond Ø 6 cm
- Eetbare voetbaldecoratie
- Vlaggetjes
- Botercrème

Voetbal

Rol het groene marsepein uit tot een dunne plak en steek er cirkels uit.

Plak de cirkels met een beetje botercrème op de cupcake.

Stop wat groene marsepein in de knoflookpers en druk er ongeveer 2 cm gras uit. Snijd het met een schilmesje van de knoflookpers af.

Je hebt nu een polletje gras dat je gelijk op je cupcake kunt vastzetten. Een cocktailprikkertje kan hierbij handig zijn om het gras vast te zetten. Plaats meerdere polletjes gras zodat de cupcake bedekt is.

Plaats de voetbal in het midden. Knip een punt aan het vlaggetje en steek het erbij.

BOODSCHAPPEN

- Muffinmix
- Baking cups
- Marsepein of rolfondant rood, huidkleur en zwart
- Tube icing wit en zwart
- Botercrème
- Uitsteekvorm rond Ø 6 cm

Rol het huidkleurige marsepein/rolfondant uit tot een dunne plak en steek het gezicht eruit.

Plak deze met een beetje botercrème op de cupcake.

Rol ook het rode marsepein/rolfondant uit en steek er met dezelfde cirkel de piratenmuts uit (incl. de puntjes van de knoop).

Je kunt voor het rondje op de knoop een klein balletje rollen en dit erop vastdrukken.

Zet met witte icing stippen op de muts en teken de ogen, de mond en de stoppelbaard met zwarte icing.

Voor het lapje over het oog trek je eerst de streep en druk je er daarna een bolletje zwart op vast.

Schip ahoy!

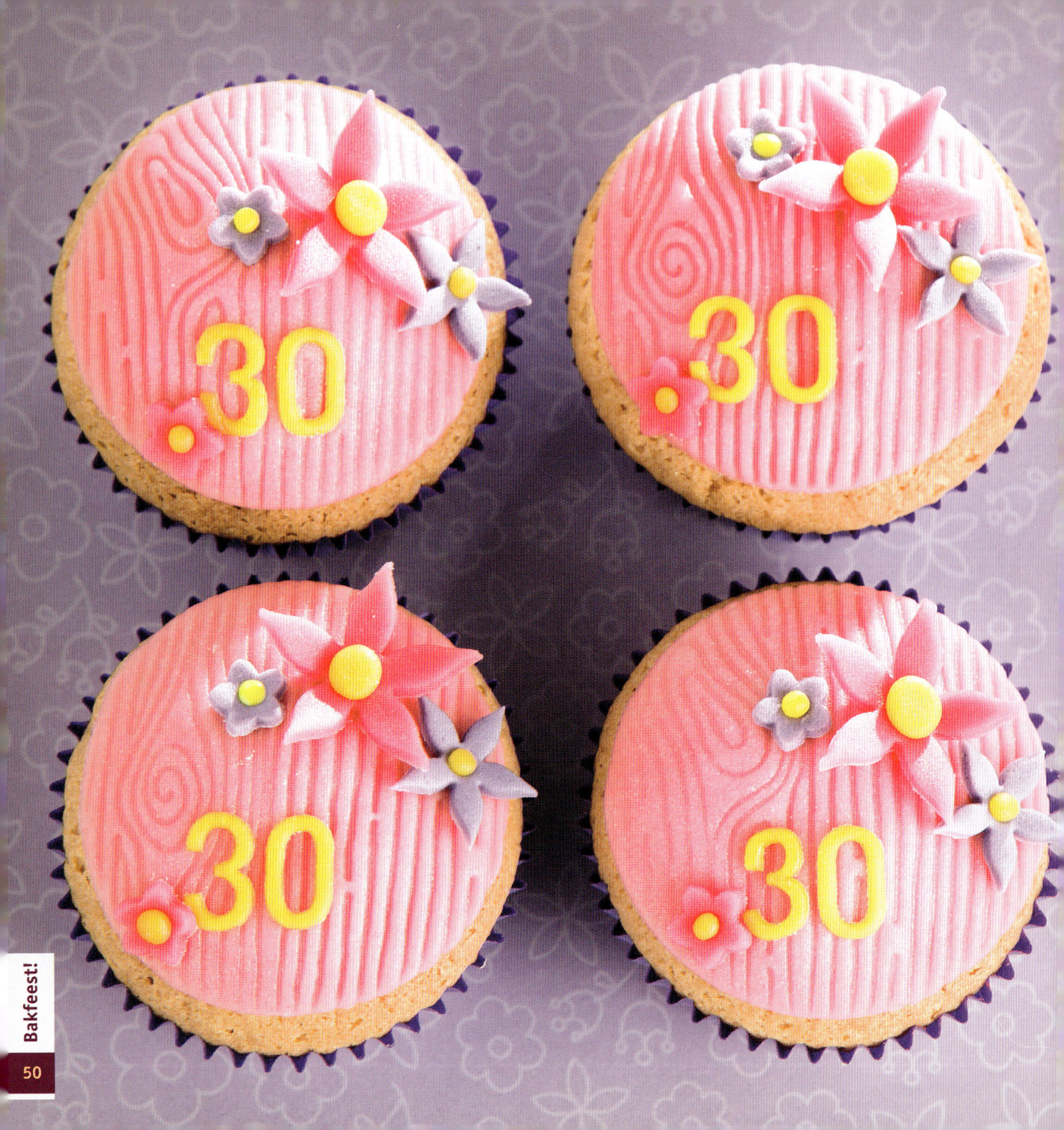
30
30
30
30

BOODSCHAPPEN

- Muffinmix
- Baking cups
- Marsepein roze, lila en geel
- Uitsteekvorm van verschillende maten bloemen
- Reliëfmatje boomnerf
- Botercrème
- Uitsteekvorm rond Ø 6 cm
- Letter/cijfer uitdrukset (Tappit uitstekers)

Rol het roze marsepein uit tot een dunne plak. Leg het reliëfmatje erop en wrijf er met je hand overheen of rol er met de deegroller overheen.

Steek er het aantal cirkels uit dat je nodig hebt. Smeer een beetje botercrème op de cupcakes en plak de cirkel erop.

Rol de andere kleuren marsepein uit. Steek hier verschillende maten bloemen uit. Maak een mooie compositie op je cupcake.

Rol het gele marsepein uit. Druk de cijfers er één voor één uit.

Maak je gebruik van de zogeheten Tappit uitstekers, dan moet je het marsepein héél dun uitrollen. Je moet er bijna doorheen kunnen kijken. Dit is belangrijk omdat de letters anders moeilijk uit de mal komen.

Leg in de harten van de bloemen een klein bolletje gele marsepein of breng een druppel gele icing aan.

tip!

Schep een handje vol framboosjes (kan ook uit de diepvries) door het beslag. Lekker fris!

tip!

Houd je niet van zoveel icing op je cupcake? Je kunt ook botercrème gebruiken en dit op kleur brengen met kleurstof.

Breng het rolfondant op kleur met een beetje kleurstof zodat je mooie pastelkleurtjes krijgt.

Rol het uit tot een dunne plak. Breng met een kwastje een beetje kleurstof aan op de stempel en druk de afdrukken voorzichtig in het rolfondant.

Steek de afdrukken uit met een ronde gekartelde uitsteekvorm. Leg ze op een stukje bakpapier en laat ze wat aandrogen.

Maak de icing aan en doe er wat kleurstof bij. Breng een laagje aan op de cupcake en doe de rest in de spuitzak.

Spuit de bloembladeren en strooi in het midden een beetje musket of plaats er een gestempeld schildje op.

BOODSCHAPPEN

- Muffinmix
- Baking cups
- Icingpoeder
- Kleurstof roze, paars en aquablauw
- Rolfondant wit
- Stempel van een bloem
- Gekleurd musket
- Spuitzak en spuitmondje om bloembladeren mee te spuiten, bijv. Wilton nr. 127
- Uitsteekvormpje gekarteld rondje (waar de stempel in past)
- Bakpapier

High Tea

Sweet 16

Bak wat lagere cupcakes. Meng het witte rolfondant met roze kleurstof in twee tinten roze.

Rol het lichtroze rolfondant uit tot een dunne plak en steek er een cirkel uit.

Smeer de cupcake in met botercrème en plak de cirkel erop.

Steek uit het donkere roze rolfondant de cijfers en de kleine hartjes. Plak deze op de roze cirkel.

Snijd reepjes van 1 x 3 cm. Rol deze op tot een klein roosje. Snijd de onderkant recht af. Plak ze langs de rand.

Breng met een penseeltje wat alcohol aan op de roosjes en breng er wat eetbare glitters op aan. De alcohol verdampt en de glitters zitten vast.

Smiley's

Rol het gele marsepein uit tot een dunne plak. Steek er de cirkels uit en plak deze met een beetje botercrème op de cupcakes vast.

Rol van het zwarte marsepein (of rolfondant) kleine ovale balletjes en druk deze plat in je hand. Dit zijn de ogen. Plak ze op de cupcake.

Maak met zwarte icing de mondjes en eventuele knipogen.

Ga maar eens op zoek naar afbeeldingen van smiley's en je kunt volop fantaseren met de verschillende typetjes.

BOODSCHAPPEN

- Muffinmix
- Baking cups geel
- Marsepein geel
- Marsepein of rolfondant zwart
- Tube icing zwart
- Uitsteekvorm rond Ø 6 cm
- Botercrème

- Muffinmix
- Baking cups
- Glazuur
- Kleurstof
- Eetbare bloemen (of zelf uitsteken van rolfondant en hard laten worden)
- Gekleurde hagel

Ik trakteer

Verwarm het glazuur in de magnetron of au bain-marie. Doe de gekleurde hagel op een schoteltje.

Breng met een eetlepel een klodder glazuur aan op de cupcake en rol deze gelijk door de gekleurde hagel. Als je snel bent, kun je er ook gelijk een bloem op leggen.

Als de glazuur nog zacht genoeg is, blijft deze goed zitten. Is het glazuur al te hard geworden, dan kun je een beetje icing uit een tube gebruiken om de bloem vast te zetten.

tip!

Kies voor 3 of 4 kleuren om een hele schaal cupcakes te versieren. Ook al zijn ze dan allemaal verschillend versierd, je hebt dan toch al snel een eenheid.

Bakfeest!

- Muffinmix
- Baking cups
- Marsepein
- Kleurstof rood en groen
- Icing tube wit
- Knoflookpers

tip!

Roer kleine stukjes appel vermengd met een beetje kaneel door het beslag.

Op een grote paddenstoel

Rol van blanke marsepein een rol met de dikte van de steeltjes voor de paddenstoelen. Snijd ze op maat.

Rol balletjes van rode marsepein en druk deze iets plat. Plak ze op het steeltje. Maak een paar verschillende maten.

Zet de paddenstoelen met een beetje icing vast op de cupcake.

Druk wat groene marsepein door de knoflookpers, zodat er kleine graspollen ontstaan.

Plaats deze tussen de paddenstoelen. Gebruik hierbij een cocktailprikkertje om het gras vast te drukken.

Zet met icing witte stippen op de paddenstoelen.

Griezelspin

Verwarm het glazuur en voeg wat zwarte kleurstof toe. Goed roeren. Daarna het glazuur nog een keer verwarmen tot de juiste dikte.

Dip de cupcakes in het glazuur. Prik met een satéprikker 8 gaten voor de poten langs de rand in de cupcakes.

Knip stukjes dropveter van ongeveer 9 cm en steek deze in de gaatjes.

Eventueel een beetje icing uit een tube erin spuiten, zodat de dropveters beter blijven zitten.

Rol een stukje witte rolfondant uit tot een dunne plak. Steek er de ogen uit en snijd er een reepje uit voor het kruis.

Plak deze op de spin met een beetje icing. Maak met zwarte icing de pupillen op de ogen.

BOODSCHAPPEN

- Muffinmix
- Baking cups zwart, wit of zilver
- Glazuur
- Zwarte kleurstof (bijv. Wilton)
- Rolfondant wit
- Dropveters
- Icing tube zwart

tip!

Voor een extra halloween effect kun je ook wat kleurstof door je muffinbeslag roeren. Griezelen maar!

BOODSCHAPPEN

- Muffinmix
- Baking cups paars
- Icingpoeder
- Kleurstof oranje
- Confetti in halloween kleuren
- Zwarte rolfondant
- Uitsteekvormpje van een vleermuis (of zelf uitsnijden)
- Bakpapier

Rol een stukje zwarte rolfondant uit.

Steek (of snijd) er de vleermuizen uit. Leg ze op een stukje bakpapier en laat ze een dag drogen tot ze hard zijn (je kunt de vleermuizen ook al veel eerder maken).

Maak icingpoeder aan met water tot een smeuïge massa. Breng het op kleur met oranje kleurstof. Breng de icing met een spateltje of mesje aan op de cupcake.

Strooi er gekleurde confetti op. Plak de vleermuizen erbovenop.

Het voordeel van icing is dat het langzamer droogt dan glazuur. Je kunt er dus nog van alles op vast plakken.

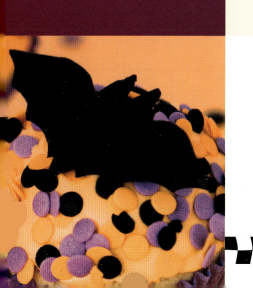

BOODSCHAPPEN

- Muffinmix
- Baking cups zwart of wit
- Rolfondant zwart en wit
- Tube icing zwart (met dun spuitmondje)
- Uitsteekvorm rond Ø 6 cm en 10 cm
- Marshmallows
- Reliëfmatje (of roller) met sterren
- Botercrème

Rol het zwarte rolfondant uit en breng er reliëf in aan.

Steek er cirkels uit die op de cupcake passen. Plak de cirkels op de cupcake vast met een beetje botercrème.

Steek uit het witte rolfondant een grote cirkel en leg deze over een marshmallow (bij grote marshmallows de helft gebruiken), druk een holletje in het spook voor de mond.

Maak twee ogen met zwarte icing. Zet het spookje met een beetje icing vast op de cupcake.

Bakfeest!

Zie ginds komt de stoomboot

Rol verschillende kleuren marsepein uit tot een dunne plak. Leg het reliëfmatje erop en wrijf er stevig overheen.

Steek de cirkels eruit en plak ze op de cupcake vast met een beetje botercrème.

Wortel
Rol in je handpalm een balletje van oranje marsepein en rol er aan één kant een punt aan.

Plak er een groen blaadje bovenop. Zet met een bot mesje een paar nerven op de wortel.

Cadeautje
Rol een balletje en druk deze aan vier zijden plat.

Rol van een andere kleur een lang dun koordje op je werkblad. Vouw deze in twee delen om het cadeautje. De kant waar het koordje sluit wordt de onderkant van het cadeautje.

Vouw een klein strikje en leg dit erbovenop.

Letters
Zie uitleg werkwijze '30 jaar!'.

BOODSCHAPPEN

- Muffinmix
- Baking cups
- Marsepein rood, oranje, groen, geel en bruin
- Uitsteekvorm rond Ø 6 cm
- Reliëfmatje bakstenen
- Botercrème
- Letter/cijfer uitdrukset (Tappit uitstekers)

tip!
Druk een bolletje amandelspijs in het beslag. En dan bakken maar!

Pietenparade

Rol het gekleurde marsepein uit tot een dunne plak en steek er een cirkel uit. Plak de cirkel op de cupcake met een beetje botercrème.

Rol het witte marsepein uit en steek er de kraag uit. Plak deze op de gekleurde cirkel.

Plaats eventueel een cocktailprikker in het midden zodat het hoofd er niet af kan rollen (pas op met het eten!).

Rol van bruine marsepein een balletje van ongeveer Ø 3 cm en rol 3 kleine balletjes voor de oren en de neus.

Plaats het hoofd op de cupcake en druk de neus en de oren erop vast. Gebruik bij het vastdrukken van de oren een handig gereedschap of de achterkant van een pen, zodat je de oren vastdrukt en je tegelijkertijd een zogenaamde oorschelp in het oor drukt.

Prik in de oorlel een gaatje en druk er een zilveren parel in vast.

Rol in je handpalm een ovaaltje van rode marsepein voor de mond. Rol de uiteinden iets puntig. Druk er de mondopening in en plak de mond op het gezicht.

Voor de oogjes maak je van witte marsepein 2 kleine balletjes en van zwarte marsepein 2 nog kleinere balletjes. Druk ze plat op de juiste plek van het gezicht.

Plaats de ogen dicht bij elkaar en de pupillen in het midden, dat maakt je Pietje ondeugender.

Druk wat zwarte marsepein door de knoflookpers. Als er zo'n 1,5 cm uit de knoflookpers komt, kun je dit het beste afsnijden met een schilmesje. De haren blijven dan gelijk als een bosje aan elkaar kleven en kunnen zo op het hoofd worden geplaatst.

Boetseer de muts en de veer en plaats deze op zijn haardos.

BOODSCHAPPEN

- Muffinmix
- Baking cups
- Marsepein bruin, zwart, wit, rood en verschillende vrolijke kleuren
- Cocktailprikker
- Zilveren pareltjes
- Knoflookpers
- Uitsteekvorm rond Ø 6 cm
- Uitsteekvorm bloem ongeveer Ø 4-5 cm voor de kraag
- Botercrème

tip!

Meng door het beslag wat speculaaskruiden om de sinterklaassfeer nog meer te verhogen!

BOODSCHAPPEN

- Muffinmix

- Baking cups

- Marsepein bruin, wit, rood en zwart

- Uitsteekvorm rond Ø 6 cm

- Klein uitsteekvormpje rond voor de ogen (evt. achterkant van spuitmondje gebruiken)

- Botercrème

- Smeltchocolade

- Spuitzakje met een rond spuitmondje

- Bakpapier

Rudolf the red nose reindeer

Rol het bruine marsepein uit en steek er cirkels uit. Plak deze met een beetje botercrème op de cupcakes.

Steek uit witte marsepein ogen en plak deze op een cupcake vast. Plaats in het midden een zwarte pupil. Als je de ogen tegen elkaar plakt, kijkt Rudolf wat olijker.

Rol de neusjes van het rode marsepein. Druk ze in het midden vast. Prik twee gaten voor de geweien.

Smelt de chocolade en doe dit in een spuitzakje. Spuit de geweien op een bakpapiertje en laat ze hard worden.

Als ze hard zijn, kun je ze met een beetje gesmolten chocolade in de gaten vastzetten.

tip!

Schep een klein beetje beslag in de baking cups en daarna een lepel kersenvulling uit pot/blik. Erbovenop weer een lepel beslag. Gewoon meebakken! Dit is ook lekker als je chocoladebeslag maakt.

- Muffinmix
- Baking cups
- Marsepein rood, wit, groen en bruin
- Uitsteekvorm rond Ø 6 cm
- Uitsteekvormen hulst, rendier
- Uitsteekvorm strik (voor het maken van de strik: zie 'Hollands glorie')
- Reliëfmatje sterren
- Botercrème

Merry Christmas

Rol de verschillende kleuren marsepein uit tot een dunne plak.

Leg het reliëfmatje erop er wrijf er met je hand overheen of rol er met de deegroller overheen.

Steek er het aantal cirkels uit dat je nodig hebt. Smeer een beetje boter-crème op de cupcakes en plak de cirkels erop.

Steek de figuurtjes uit die je wilt gebruiken. Kleef ze met een beetje water vast.

Voor de besjes van de hulst kun je kleine balletjes draaien in je handpalm.

De stipjes rondom het rendier kun je ook van kleine balletjes marsepein maken of met groene icing uit een tube.

tip!

Voor een echt kerstbeslag kun je gedroogde cranberry's door het beslag mengen. Deze zijn net als rozijnen te koop in zakjes.

- Muffinmix
- Baking cups zilver
- Rolfondant wit
- Icingpoeder
- Zilveren parels
- Cocktailprikker
- Uitsteekvorm ster
- Eetbare glitters zilver
- Alcohol
- Eetbare lijm (of een beetje tylose vermengd met water)

White Christmas

Rol het rolfondant uit tot een dunne plak. Steek er de sterren uit (2 stuks per cupcake).

Leg een ster voor je neer en leg er een cocktailprikker op. Plak de tweede ster erbovenop. Gebruik wat eetbare lijm, zodat ze goed op elkaar blijven zitten. Laat ze aandrogen.

Maak het icingpoeder aan tot een smeerbare dikte. Smeer de cupcakes in en druk de zilveren parels erin vast.

Zet de ster in het midden en breng met een penseeltje met alcohol wat glitter aan.

De alcohol verdampt en de glitter zit vast. Je moet dit niet met water doen, want dan smelt het rolfondant.

tip!

Schrijf op een klein papiertje een wens of boodschap. Vouw het op en verpak het goed in aluminiumfolie. Verstop het in het beslag. Leuk voor na een koude wandeling bij de choco-lademelk of bij het kerstdessert. Wel even vertellen dat er iets in zit natuurlijk!

Pas op met het opeten i.v.m. de cocktailprikker!

BOODSCHAPPEN

- Muffinmix
- Baking cups
- Glazuur
- Blauwe kleurstof
- Botercrème
- Rolfondant wit
- Tekststempel (hobbywinkel)
- Uitdrukvorm sneeuwvlok
- Bakpapier

Rol het rolfondant uit tot een dunne plak. Druk hier de sneeuwvlokken uit.

Druk met de tekststempel enkele keren de tekst af in het rolfondant en snijd er rechthoeken van.

Laat alle vormen minimaal een dag hard worden op een stukje bakpapier.

Verwarm het glazuur en geef het een lichtblauwe kleur. Dip de cupcakes erin.

Spuit er een mooie rozet van botercrème op (geen slagroom gebruiken, want de sneeuwvlok en het tekstschildje smelten dan).

Plaats de sneeuwvlok en het tekstschildje erop.

Bakfeest!

Bedankjes

Evelyne,
bedankt dat je me met deze wondere wereld kennis hebt laten maken.

Harmke,
jij die me altijd weer scherp en alert houdt.

Joost,
voor de bijzondere samenwerking... op naar een volgend project?

Mijn ouders die mij toch min of meer de basisliefde voor dit vak hebben bijgebracht.

Tom en Laura,
omdat ik van jullie dochters geniet.

In het bijzonder bedank ik **Bakfeest & Zo** voor het beschikbaarstellen van de materialen www.bakfeestenzo.nl.

Annechien,
voor het aanleveren van de digitale logo's www.demagine.com.

Firma Kars in Ochten voor het beschikbaarstellen van de reliëfmallen.